Philippe Legendre

J'APPRENDS À DESSINER

la danse

FLEURUS
www.fleuruseditions.com

À l'attention des parents et des enseignants

Tous les enfants savent dessiner un rond, un carré, un triangle…
Alors, ils peuvent aussi dessiner une ballerine, un tutu et un danseur étoile.
Notre méthode est facile et amusante. Elle apporte à l'enfant une technique
et un vocabulaire des formes dont se sert tout dessinateur.
La construction du dessin se fait par l'association de formes géométriques
créant un ensemble de volumes/surfaces. Il suffit ensuite, par une ligne droite,
courbe ou brisée, de donner son caractère définitif à l'esquisse.
En quelques coups de crayon un motif apparaît,
un peu de couleur et voici réalisée une belle illustration.
Cette méthode propose un apprentissage de la technique
et une première approche de la composition, des proportions, du volume,
de la ligne. Sa simplicité en fait une méthode où le plaisir
de dessiner reste au premier plan.

PHILIPPE LEGENDRE
Peintre-graveur et illustrateur, Philippe Legendre anime
aussi un atelier de peinture pour les enfants de 6 à 14 ans.
Intervenant souvent en milieu scolaire, il a développé
cette méthode pour que tous les enfants puissent
accéder à l'art du dessin.

Quelques conseils

Chaque dessin est fait à partir d'un petit nombre de formes géométriques qui sont indiquées en haut de la page.
C'est ce qu'on appelle le vocabulaire de formes.
Il peut te servir à t'exercer avant de commencer le dessin.

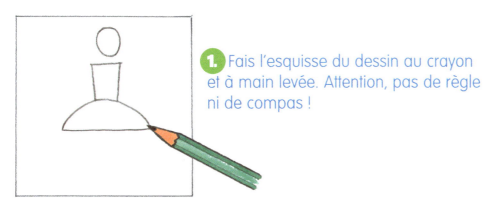

1. Fais l'esquisse du dessin au crayon et à main levée. Attention, pas de règle ni de compas !

2. Les pointillés indiquent les traits de construction qui doivent être gommés.

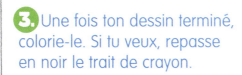

3. Une fois ton dessin terminé, colorie-le. Si tu veux, repasse en noir le trait de crayon.

Et maintenant, à toi de jouer !

vocabulaire de formes

En musique, les exercices sont plus faciles.

À la barre

vocabulaire de formes

C'est peut-être le ballet de La Belle au bois dormant que danse cette étoile.

La première arabesque

Devant le miroir

vocabulaire de formes

La main sur la hanche… comme dans un ballet russe !

Le relevé passé

vocabulaire de formes

En trois sauts, la ballerine traverse la salle de danse.

Le grand jeté

vocabulaire de formes

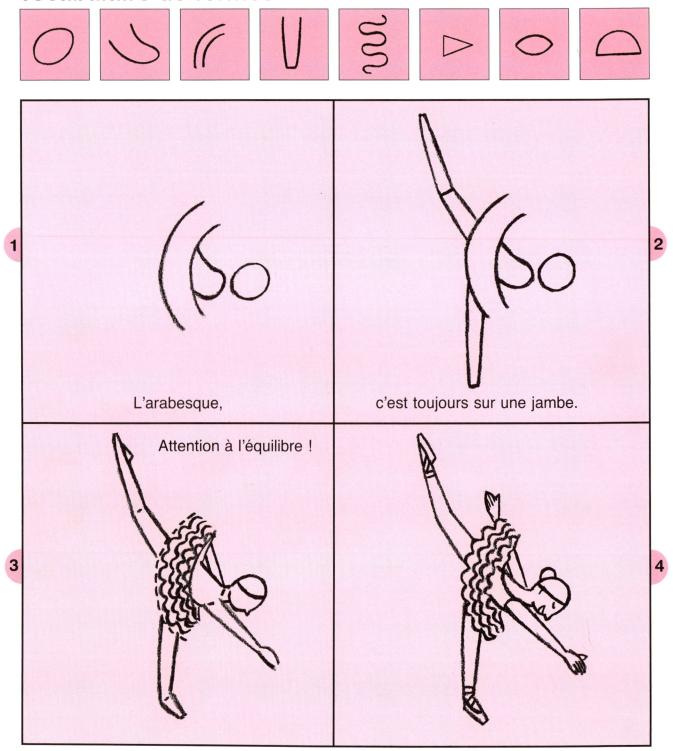

L'arabesque, c'est toujours sur une jambe. Attention à l'équilibre !

L'arabesque plongée

vocabulaire de formes

Et voici... Roméo et Juliette.

Le pas de deux

vocabulaire de formes

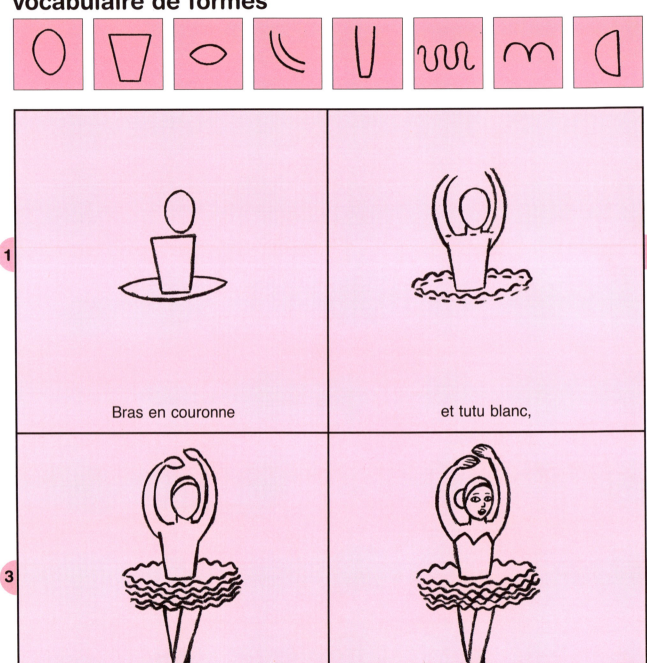

1. Bras en couronne
2. et tutu blanc,
3. je danse
4. Le Lac des cygnes.

Sur les pointes

La pointe tendue

**Voici la salle de cours où les ballerines s'exercent à la barre.
Il faut bien apprendre à danser si l'on veut participer à un ballet :
travailler les pointes, arabesques et pas de deux.**

En attendant ce jour, tu peux dessiner tes plus beaux rêves de danseuses.

Direction éditoriale : Christophe Savouré et Guillaume Pô
Direction de création : Laurent Quellet
Direction artistique : Armelle Riva
Édition : Christine Hooghe et Mathilde Guillier
Fabrication : Thierry Dubus et Florence Bellot
Conception graphique de la collection : Isabelle Bochot

Mise en page et gravure : Point 4
Imprimé en France par Qualibris

© Fleurus Éditions, Paris, septembre 2010
15-27, rue Moussorgski, 75018 Paris
Dépôt légal : septembre 2010
ISBN : 978-2-215-10172-7
ISSN : 1257-9629
Code MDS : 591264
3e édition - N° P14062

Imprimé en France par Pollina en mars 2014 - L67812I

Loi n°49-956 du 16 juillet 1949 sur les publications destinées à la jeunesse.
Tous droits de traduction, de reproduction et d'adaptation strictement réservés pour tous pays.

www.fleuruseditions.com

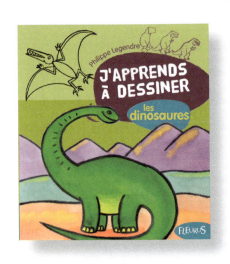

une collection

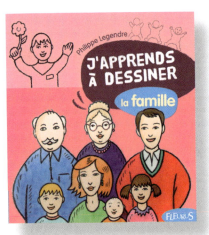
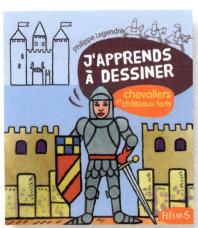
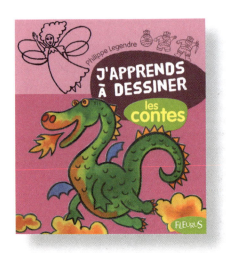
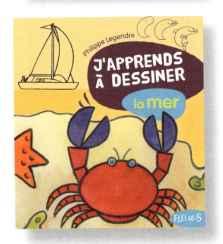
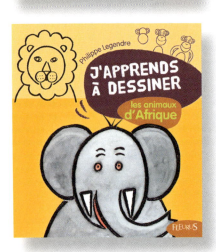